Impressum
Verlag: BABADADA GmbH, Nedderfeld 112 , 22529 Hamburg
Geschäftsführer / Verlagsleitung: Harald Hof
Druck: Books on Demand GmbH, In de Tarpen 42, 22848 Norderstedt

Imprint
Publisher: BABADADA GmbH, Nedderfeld 112 , 22529 Hamburg, Germany
Managing Director / Publishing direction: Harald Hof
Print: Books on Demand GmbH, In de Tarpen 42, 22848 Norderstedt

škola

學校

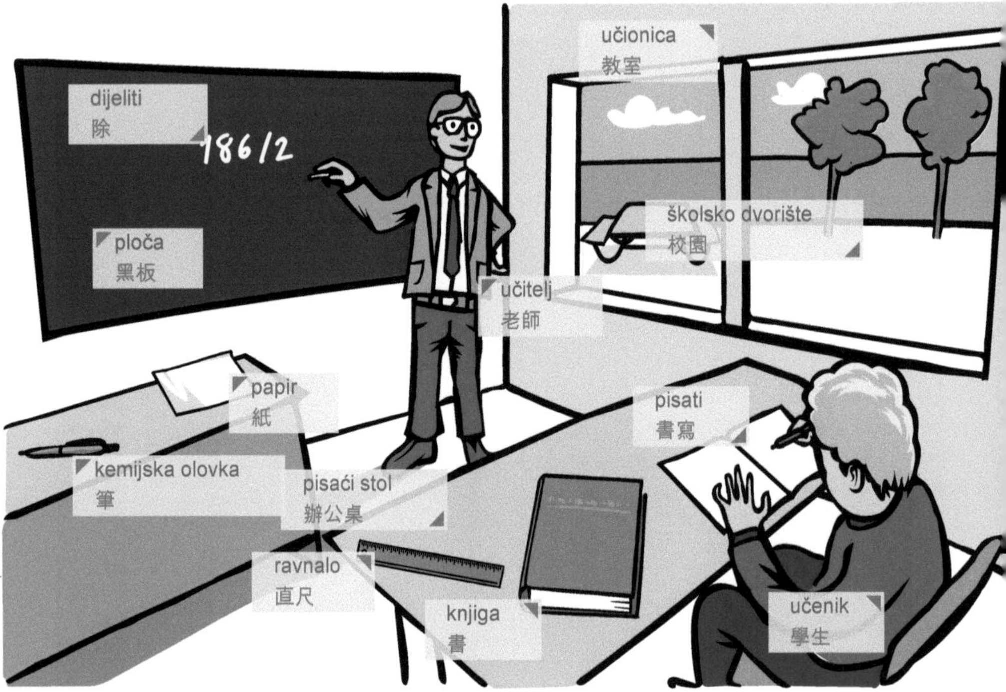

dijeliti
除
186/2
učionica
教室
ploča
黑板
školsko dvorište
校園
učitelj
老師
papir
紙
pisati
書寫
kemijska olovka
筆
pisaći stol
辦公桌
ravnalo
直尺
knjiga
書
učenik
學生

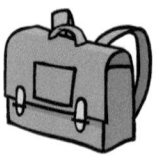

torba

書包

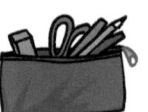

pernica

鉛筆盒

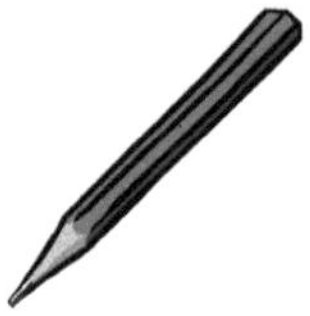

grafitna olovka

鉛筆

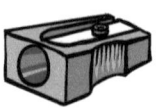

šiljilo za olovke

削鉛筆機

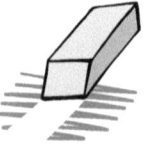

gumica za brisanje

橡皮擦

blok za crtanje

畫板

crtež

圖畫

kist

畫筆

kutija s bojama

顏料盒

makaze

剪刀

ljepilo

膠水

bilježnica

練習冊

domaći zadatak

家庭作業

broj

數字

sabirati

加

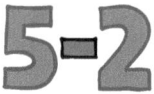

oduzimati

減

množiti

乘

računati

計算

slovo

字母

abeceda

字母表

riječ

字

tekst

課文

čitati

讀

kreda

粉筆

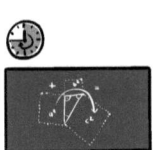

sat

上課

dnevnik

登記

ispit

考試

svjedodžba

證書

školska uniforma

校服

obrazovanje

教育

leksikon

百科全書

sveučilište

大學

mikroskop

顯微鏡

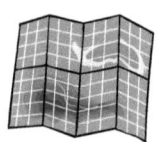

karta

地圖

košara za papir

廢紙簍

putovanje
旅行

hotel
飯店
Grand
prenoćište
青年旅社
ROOMS
EXCHANGE
mjenjačnica
外幣兌換處
kofer
手提箱
auto
汽車

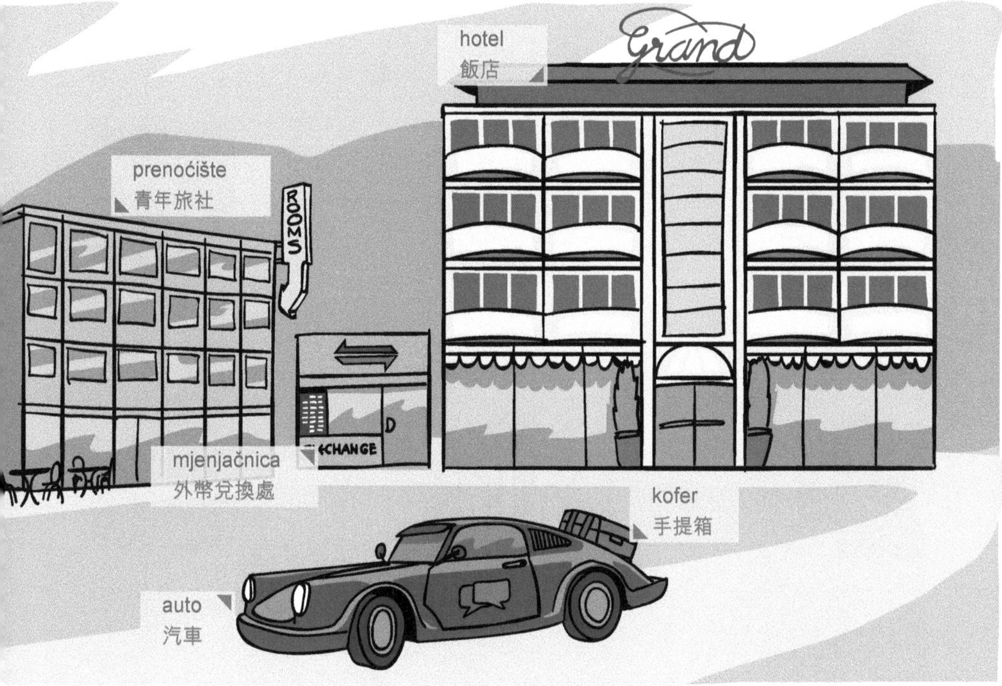

jezik
語言

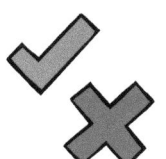

da / ne
是/否

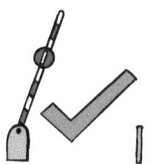

okay
好的

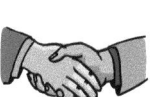

zdravo
您好

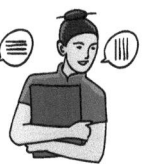

prevoditelj
翻譯人員

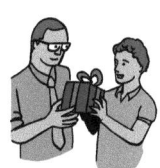

hvala
謝謝

Koliko košta...?

......多少錢？

ne razumijem

我不明白

problem

問題

dobro veče!

晚上好！

Dobro jutro!

早上好！

Laku noć!

晚安！

doviđenja

再見

smjer

方向

prtljaga

行李

torba

包

ruksak

背包

gost

客人

soba

房間

vreća za spavanje

睡袋

šator

帳篷

turističke informacije

旅行資訊

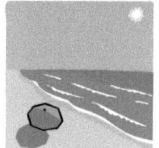

plaža

海灘

kreditna kartica

信用卡

doručak

早餐

ručak

午餐

večera

晚餐

karta za vožnju

票

dizalo

電梯

poštanska markica

郵票

granica

邊界

carina

海關

ambasada

大使館

viza

簽證

putovnica

護照

transport
交通運送

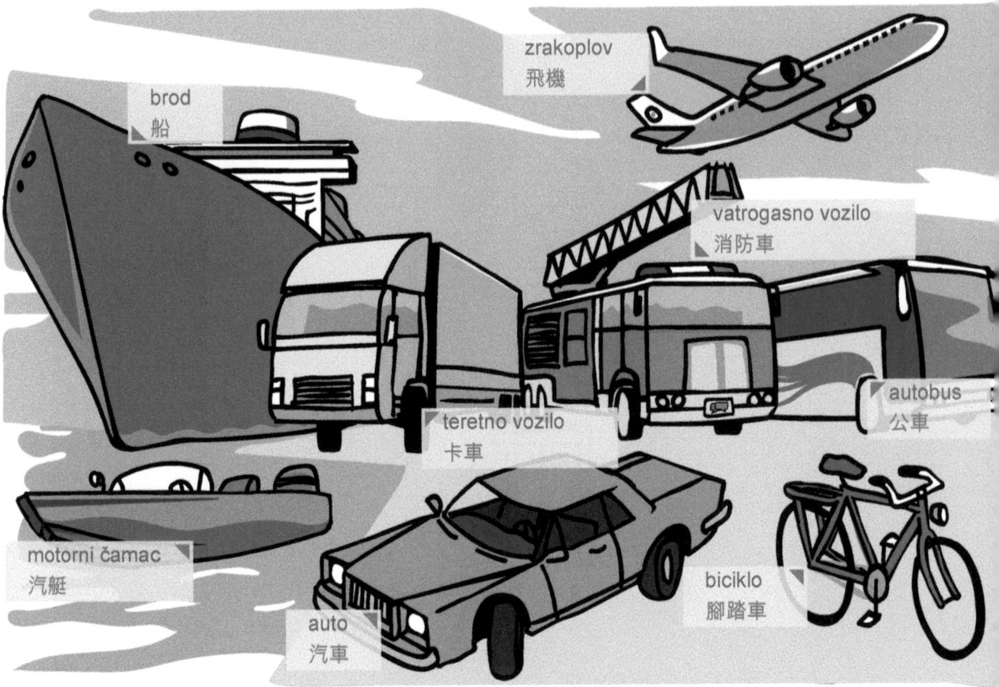

zrakoplov
飛機

brod
船

vatrogasno vozilo
消防車

autobus
公車

teretno vozilo
卡車

motorni čamac
汽艇

biciklo
腳踏車

auto
汽車

trajekt

渡輪

čamac

小船

motocikl

機車

policijski auto

警車

trkaći auto

賽車

iznajmljeno auto

租車

dijeljenje automobila

拼車

vučno vozilo

拖車

vozilo za odvoz smeća

垃圾車

motor

馬達

benzin

汽油

benzinska postaja

加油站

prometni znak

交通標識

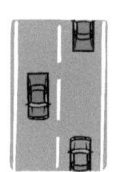

promet

交通

zastoj

交通堵塞

parkiralište

停車場

kolodvor

火車站

šine

軌道

vlak

火車

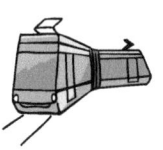

tramvaj

路面電車

vagon

客車廂

helikopter

直升機

zrakoplovna luka

機場

toranj

塔

putnik

乘客

kontejner

集裝箱

karton

紙板箱

kolica

手推車

košara

籃子

uzletjeti / sletjeti

起飛/降落

grad

城市

selo

村莊

centar grada

市中心

kuća

房子

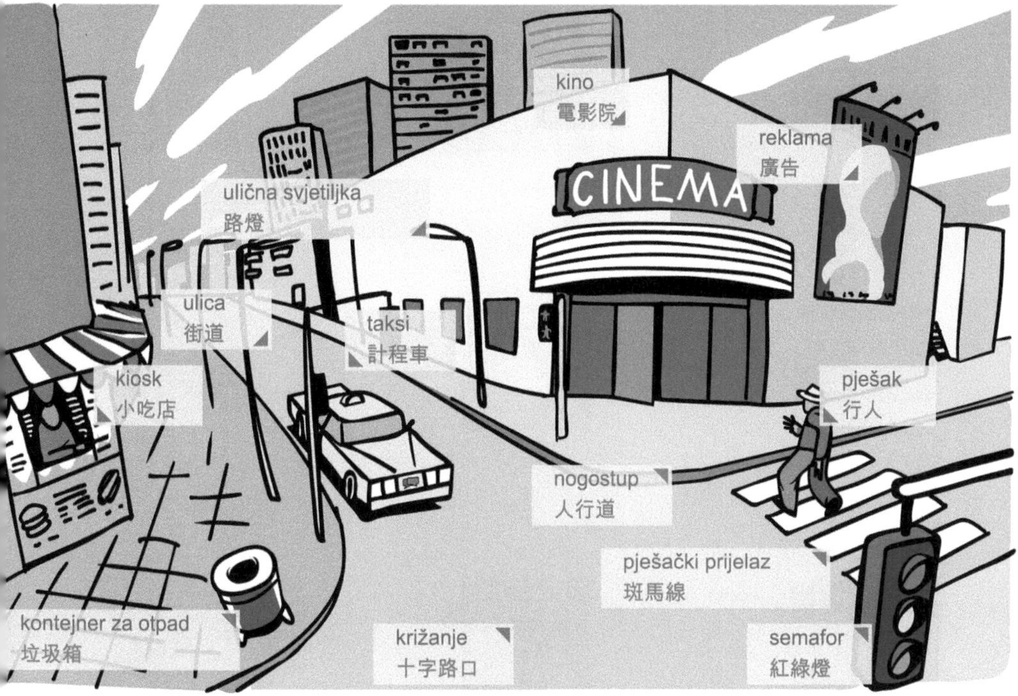

kino
電影院
reklama
廣告
CINEMA
ulična svjetiljka
路燈
ulica
街道
taksi
計程車
kiosk
小吃店
pješak
行人
nogostup
人行道
pješački prijelaz
斑馬線
kontejner za otpad
垃圾箱
križanje
十字路口
semafor
紅綠燈

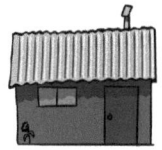

koliba

小屋

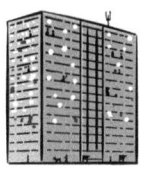

stan

公寓

kolodvor

火車站

vijećnica

市政廳

MUSEUM

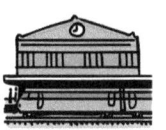

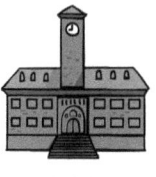

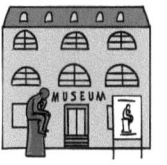

muzej

博物館

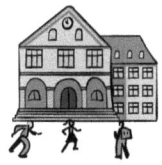

škola

學校

sveučilište

大學

banka

銀行

bolnica

醫院

hotel

飯店

ljekarna

藥房

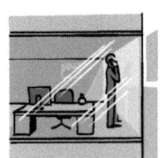

ured

辦公室

knjižara

書店

prodavaonica

商店

cvjećara

花店

supermarket

超市

trg

市場

robna kuća

百貨商店

ribarnica

魚店

trgovački centar

購物中心

luka

海港

park
公園

klupa
長凳

most
橋

stepenice
樓梯

podzemna željeznica
捷運

tunel
隧道

autobusna stanica
公車站

bar
酒吧

restoran
餐館

poštansko sanduče
郵筒

ulični znak
路標

parkirni sat
停車計時器

zoološki vrt
動物園

bazen
游泳池

džamija
清真寺

grad - 城市   13

seosko gazdinstvo

農場

zagađenje okoliša

污染

groblje

墓地

crkva

教堂

igralište

操場

hram

寺廟

krajolik

地形

list
樹葉

putokaz
指示牌

put
路

livada
草地

kamen
石頭

drvo
樹

šetač
徒步旅行者

rijeka
河

trava
草

cvijet
花

dolina

峽谷

planina

丘陵

jezero

湖

šuma

森林

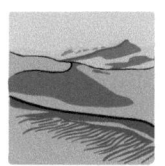

pustinja

沙漠

vulkan

火山

dvorac

城堡

duga

彩虹

gljiva

蘑菇

palma

棕櫚樹

moskito

蚊子

muha

蒼蠅

mrav

螞蟻

pčela

蜜蜂

pauk

蜘蛛

buba

甲蟲

žaba

青蛙

vjeverica

松鼠

jež

刺蝟

zec

野兔

sova

貓頭鷹

ptica

鳥

labud

天鵝

divlja svinja

野豬

jelen

鹿

los

麋鹿

nasip

水壩

vjetrenjača

風力發電機

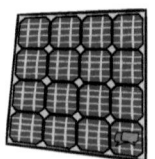

solarna ploča

太陽能電池板

klima

氣候

restoran
餐館

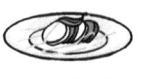

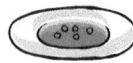

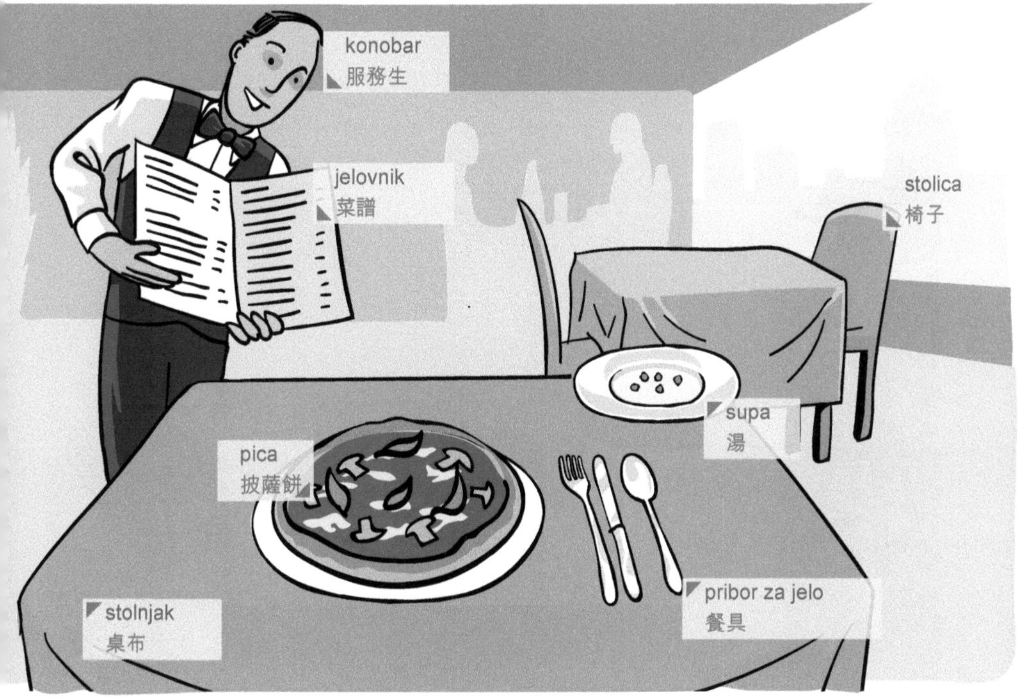

konobar
服務生
jelovnik
菜譜
stolica
椅子
supa
湯
pica
披薩餅
pribor za jelo
餐具
stolnjak
桌布

predjelo

前菜

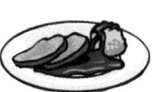

glavno jelo

主菜

desert

甜點

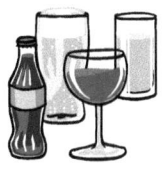

napitci

飲料

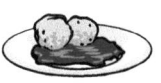

jelo

食物

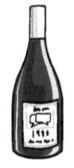

boca

瓶子

fastfood

速食

imbis hrana

街邊小吃

čajnik

茶壺

doza za šećer

糖盒

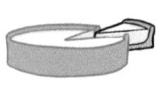

porcija

一份飯菜

aparat za espresso

義式咖啡機

visoka stolica

高腳椅

račun

帳單

pladanj

托盤

nož

刀

vilica

餐叉

žlica

勺子

čajna žlica

茶匙

ubrus

餐巾

čaša

玻璃杯

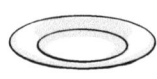

tanjur

碟子

tanjur za supu

湯盤

tanjurić

碟子

sos

醬

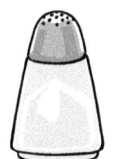

soljenka

鹽瓶

mlin za biber

胡椒研磨罐

ocat

醋

ulje

食用油

začini

調味料

kečap

番茄醬

senf

芥末

majoneza

美乃滋

supermarket

超市

ponuda
特價
FOR
kupac
顧客
mliječni proizvodi
乳製品
voće
水果
kolica za kupnju
購物車

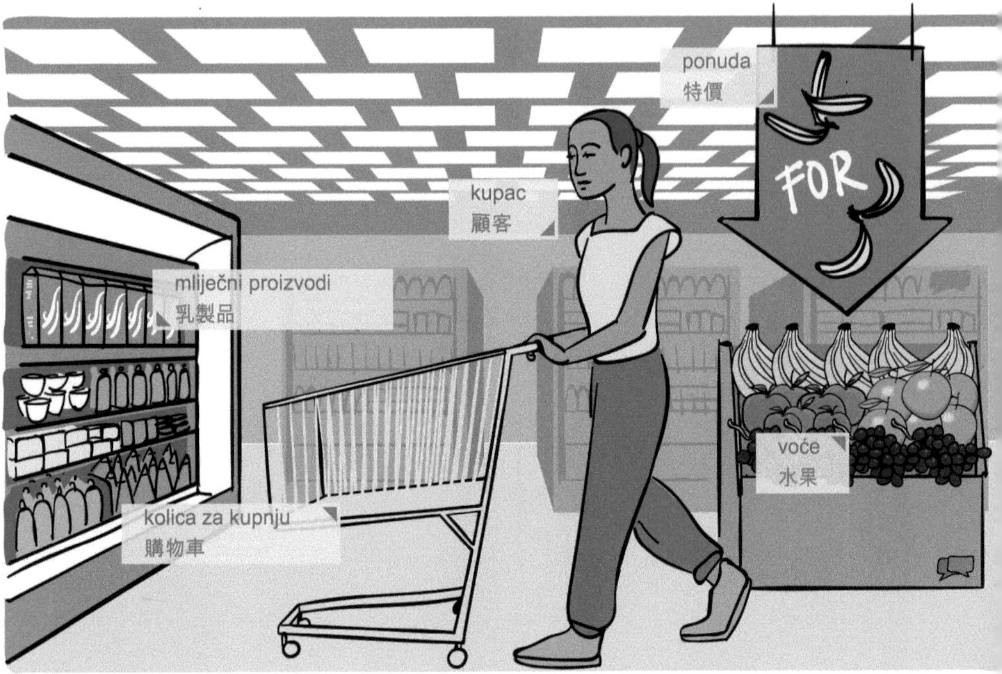

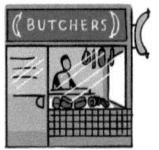

BUTCHERS

mesnica

肉鋪

BAKERY

pekarnica

麵包店

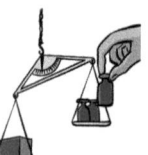

vagati

稱重

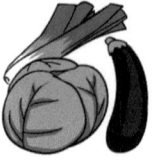

povrće

蔬菜

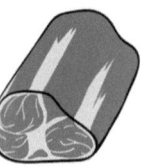

meso

肉

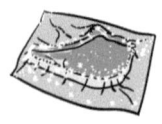

duboko smrznuta hrana

冷凍食品

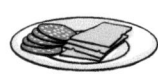

narezak

冷盤

konzerve

罐頭食品

sredstvo za pranje

洗衣粉

slatkiši

甜食

artikli za domaćinstvo

日用品

sredstva za čišćenje

清潔用品

prodavačica

銷售員

blagajna

收銀機

blagajnik

收銀員

lista za kupnju

購物清單

vrijeme rada

開放時間

novčanik

錢包

kreditna kartica

信用卡

torba

袋子

plastična vrećica

塑膠袋

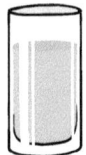

voda

水

sok

果汁

mlijeko

牛奶

cola

可樂

vino

紅酒

pivo

啤酒

alkohol

酒

kakao

可可

čaj

茶

kava

咖啡

espresso

義式濃縮咖啡

cappuccino

卡布奇諾

banana

香蕉

jabuka

蘋果

naranča

柳丁

lubenica

西瓜

limun

檸檬

mrkva

胡蘿蔔

češnjak

大蒜

bambus

竹子

luk

洋蔥

gljiva

蘑菇

orašasti plodovi

堅果

rezanci

麵條

špagete

義大利麵

riža

米飯

salata

沙拉

pomfrit

薯條

pečeni krumpir

炸馬鈴薯

pica

披薩餅

hamburger

漢堡

sendvič

三明治

šnicla

炸豬排

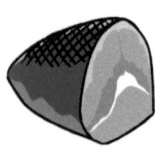

pršut

火腿

salama

義大利臘腸

kobasica

香腸

kokoš

雞肉

pečenje

烤肉

riba

魚

zobene pahuljice

燕麥片

musli

木斯里

kukuruzne pahuljice

玉米片

brašno

麵粉

roščić

牛角麵包

pecivo

麵包捲

kruh

麵包

toast

吐司

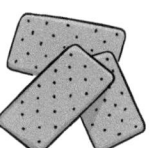

keksi

餅乾

maslac

奶油

svježi sir

凝乳

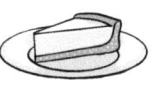

kolač

蛋糕

jaje

蛋

jaje na oko

煎蛋

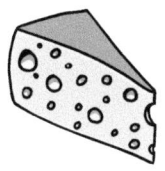

sir

起司

sladoled

冰淇淋

šećer

糖

med

蜂蜜

marmelada

果醬

nugat krema

巧克力醬

curry

咖哩

seosko gazdinstvo
農場

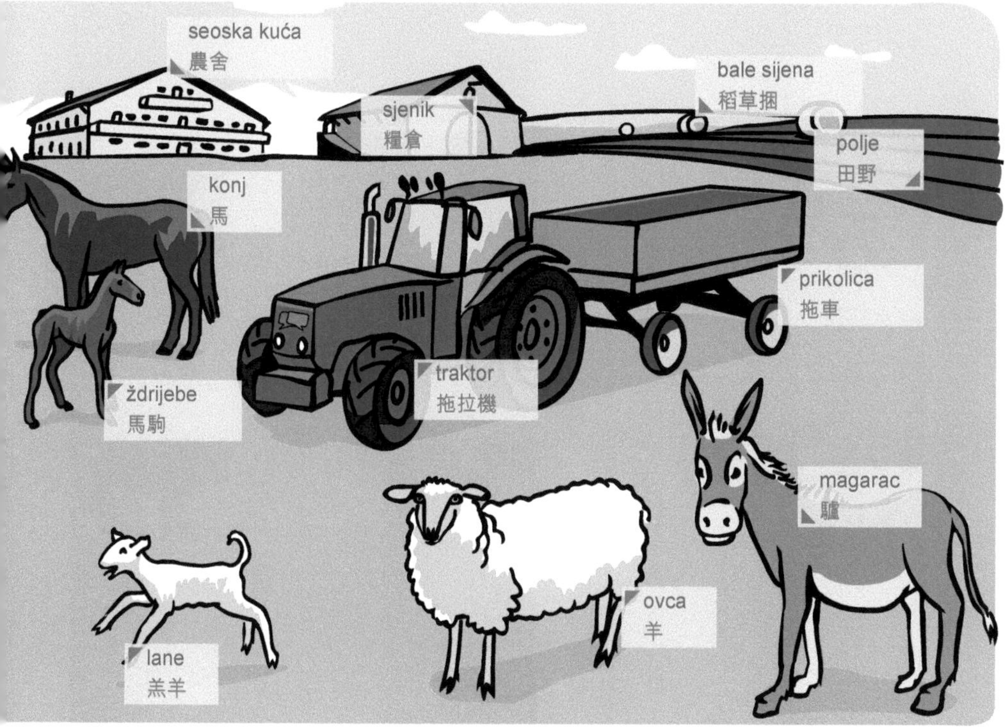
seoska kuća
農舍
sjenik
糧倉
bale sijena
稻草捆
polje
田野
konj
馬
prikolica
拖車
traktor
拖拉機
ždrijebe
馬駒
magarac
驢
ovca
羊
lane
羔羊

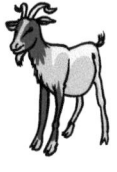

koza
山羊

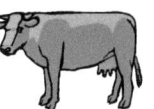

krava
奶牛

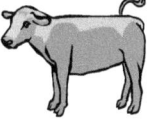

tele
小牛

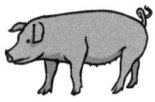

svinja
豬

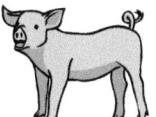

prase
小豬

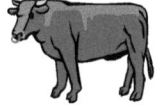

bik
公牛

guska

鵝

patka

鴨

pilići

小雞

kokoš

母雞

pijetao

公雞

pacov

鼠

mačka

貓

miš

老鼠

vol

牛

pas

狗

kućica za psa

狗屋

vrtno crijevo

花園澆水軟管

kanta za polijevanje

澆水壺

kosa

長柄大鐮刀

plug

犁

srp

鐮刀

motika

鋤頭

vilica za gnojivo

長柄草耙

sjekira

斧頭

tačke

獨輪手推車

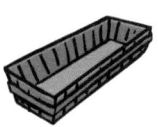

korito

飼料槽

posuda za mlijeko

牛奶罐

vreća

麻布袋

ograda

柵欄

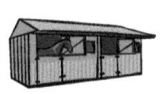

štala

馬廄

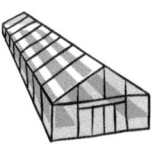

staklenik

溫室

zemlja

土壤

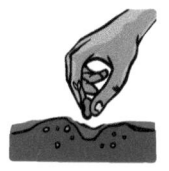

sjeme

種子

gnojivo

肥料

kombajn

聯合收割機

žanjati

收割

žetva

收割

yams začin

地瓜

pšenica

小麥

soja

大豆

krumpir

土豆

kukuruz

玉米

uljana repica

油菜籽

voćka

果樹

gomolj manioke

樹薯

žitarice

穀物

dimnjak
煙囪

krov
屋頂

žlijeb
落水管

prozor
窗戶

garaža
車庫

zvono
門鈴

vrata
門

korpa za otpad
垃圾桶

poštansko sanduče
信箱

vrt
花園

dnevna soba

客廳

kupaonica

浴室

kuhinja

廚房

spavaća soba

臥室

dječija soba

兒童房

trpezarija

餐廳

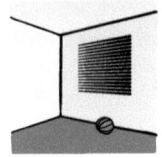

pod

地板

zid

牆壁

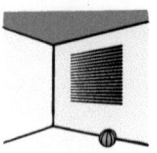

strop

天花板

podrum

地窖

sauna

三溫暖

balkon

陽臺

terasa

露臺

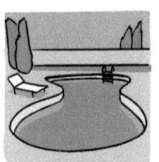

bazen

游泳池

kosilica za travu

割草機

posteljina za krevet

被單

deka za krevet

床罩

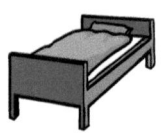

krevet

床

metla

掃帚

kanta

水桶

sklopka

開關

dnevna soba

客廳

tapeta
壁紙
slika
相片
svjetiljka
檯燈
regal
擱架
ormar
櫥櫃
televizija
電視
kamin
壁爐
cvijet
花
jastuk
墊子
kauč
沙發
vaza
花瓶
daljinski upravljač
遙控器

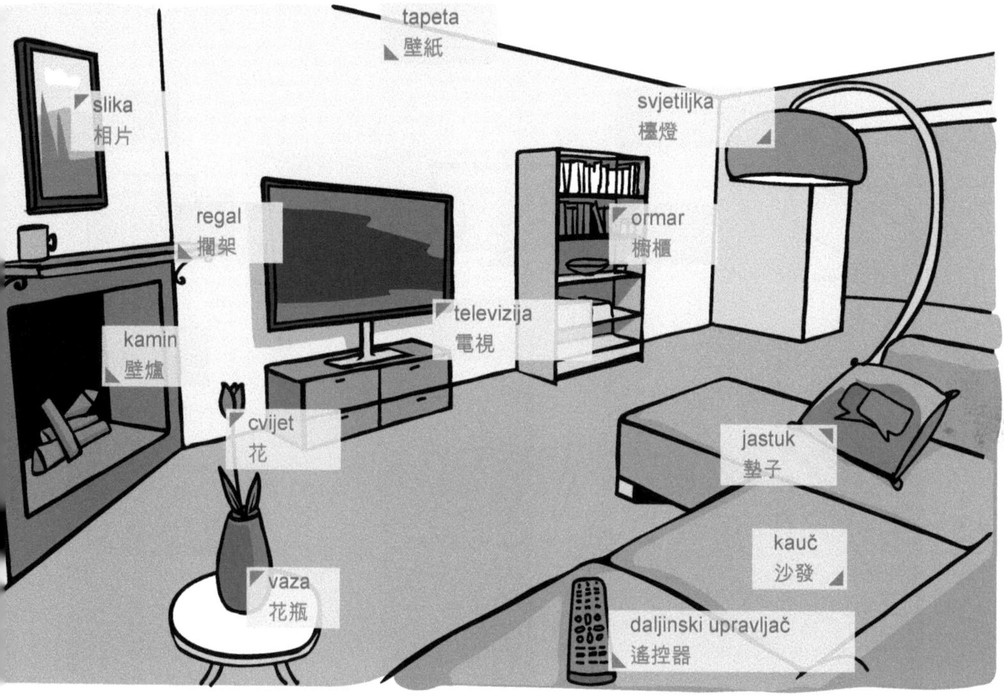

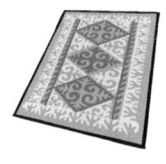

tepih

地毯

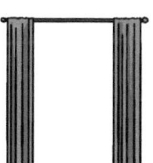

zavjesa

窗簾

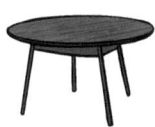

stol

餐桌

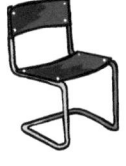

stolica

椅子

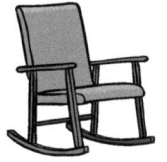

stolica za njihanje

搖椅

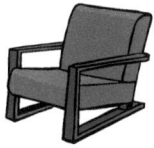

fotelja

扶手椅

knjiga

書

deka

毯子

dekoracija

裝飾品

drvo za ogrjev

木柴

film

電影

stereo uređaj

高傳真音響

ključ

鑰匙

novine

報紙

slika na platnu

油畫

poster

海報

radio

收音機

blok za pisanje

筆記本

usisavač

吸塵器

kaktus

仙人掌

svijeća

蠟燭

kuhinja
廚房

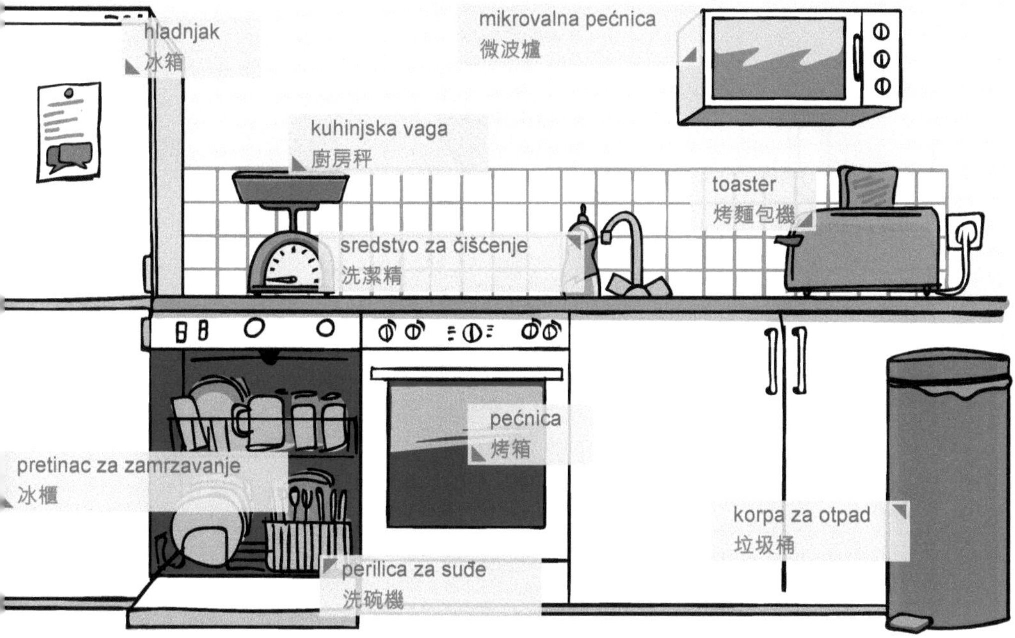
hladnjak
冰箱
mikrovalna pećnica
微波爐
kuhinjska vaga
廚房秤
toaster
烤麵包機
sredstvo za čišćenje
洗潔精
pećnica
烤箱
pretinac za zamrzavanje
冰櫃
korpa za otpad
垃圾桶
perilica za suđe
洗碗機

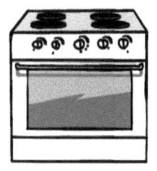

štednjak

炊具

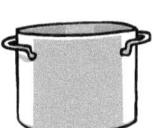

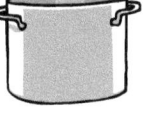

lonac

鍋

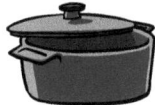

željezni lonac

鑄鐵鍋

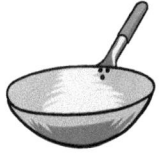

wok / kadai

炒鍋

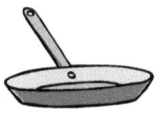

tava

平底鍋

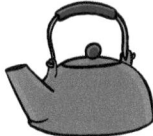

kuhalo za vodu

水壺

kuhalo na paru

蒸鍋

lim za pečenje

烤盤

posuđe

陶瓷鍋

čaša

馬克杯

zdjela

碗

štapići za jelo

筷子

kutljača

長柄勺

lopatica

鏟子

pjenjača

攪拌器

sito za kuhanje

濾網

sito

篩子

ribež

磨碎機

mužar

研缽

roštilj

燒烤

ognjište

明火

daska

菜板

oklagija

擀麵杖

vadičep

開瓶器

konzerva

罐子

otvarač konzervi

開罐器

krpa za lonac

隔熱手套

sudoper

水槽

četka

刷子

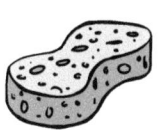

spužva

海綿

mikser

攪拌機

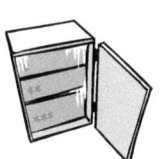

zamrzivač

冷藏箱

bočica za bebe

奶瓶

slavina za vodu

水龍頭

kupaonica
浴室

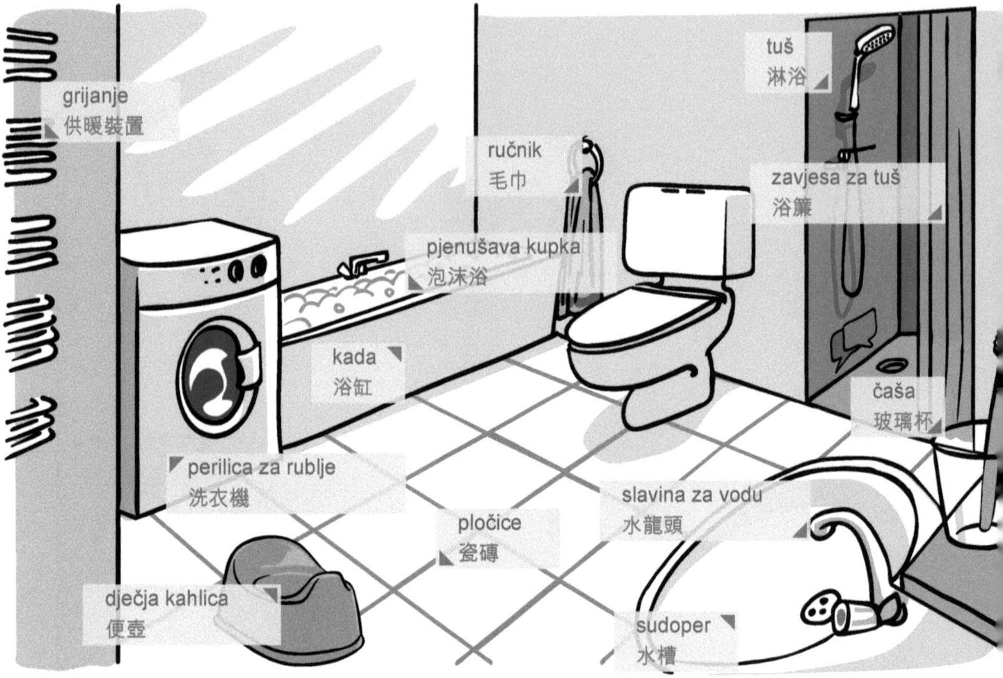

grijanje
供暖裝置
tuš
淋浴
ručnik
毛巾
zavjesa za tuš
浴簾
pjenušava kupka
泡沫浴
kada
浴缸
čaša
玻璃杯
perilica za rublje
洗衣機
slavina za vodu
水龍頭
pločice
瓷磚
dječja kahlica
便壺
sudoper
水槽

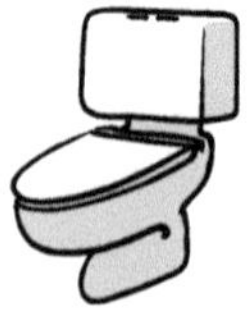

toalet

厕所

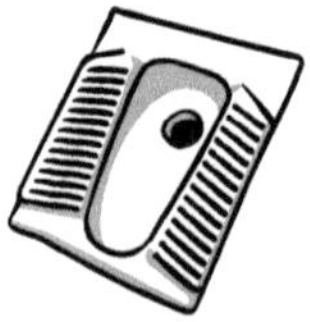

čučavac

蹲便器

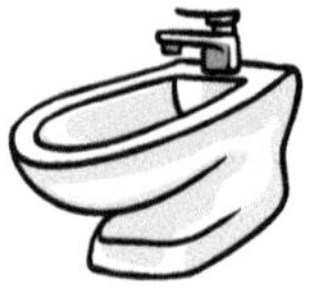

bidet

坐浴器

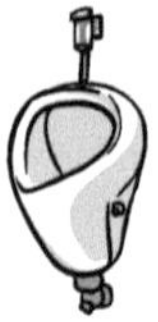

pisoar

小便斗

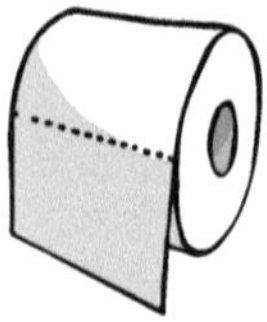

papir za toalet

厕紙

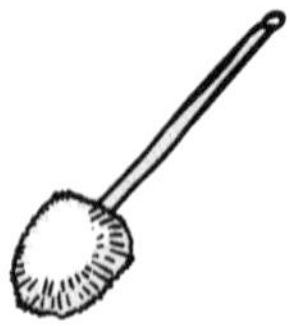

četka za toalet

馬桶刷

četkica za zube

牙刷

pasta za zube

牙膏

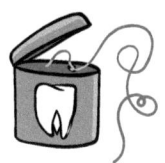

konac za zube

牙線

prati

洗

tuš ručica

手持式蓮蓬頭

tuš za pranje intimnih dijelova

沖洗器

lavor

洗臉盆

četka za pranje leđa

洗背刷

sapun

肥皂

gel za tuširanje

沐浴露

šampon

洗髮乳

krpa za pranje

法蘭絨

odvod

排水

krema

乳霜

dezodorans

除臭劑

ogledalo

鏡子

kozmetičko ogledalo

手鏡

brijač

刮鬍刀

pjena za brijanje

刮鬍泡沫

losion za poslije brijanja

鬚後水

češalj

梳子

četka

刷子

sušilo za kosu

吹風機

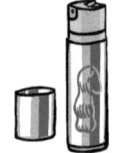

sprej za kosu

噴髮定型劑

makeup

化妝品

ruž za usne

唇膏

lak za nokte

指甲油

vata

化妝棉

škare za nokte

指甲剪

parfem

香水

neseser

洗漱包

stolica

凳子

vaga

計重秤

ogrtač

浴袍

rukavice za čišćenje

橡膠手套

tampon

衛生棉條

uložak

衛生棉

kemijski toalet

化學廁所

dječija soba
兒童房

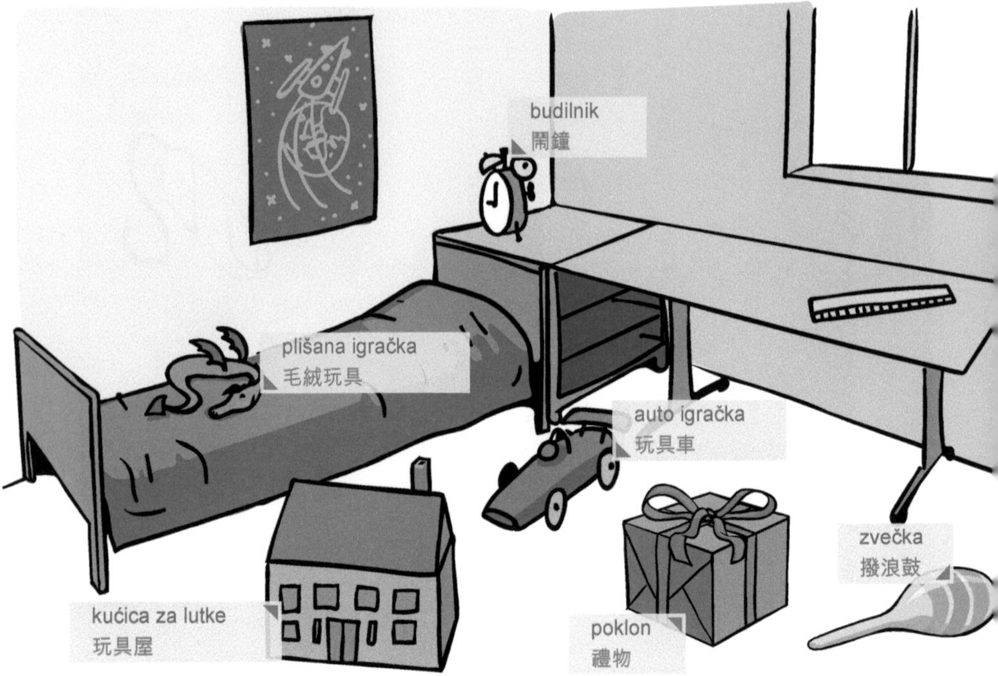

budilnik
鬧鐘
plišana igračka
毛絨玩具
auto igračka
玩具車
zvečka
撥浪鼓
kućica za lutke
玩具屋
poklon
禮物

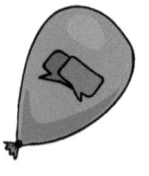

balon

氣球

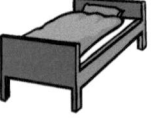

krevet

床

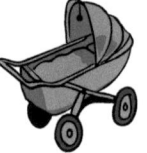

dječija kolica

嬰兒車

igra s kartama

撲克牌

slagalica

拼圖

SUPER
MEGA

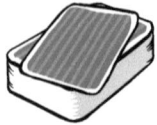

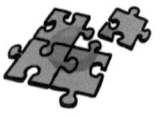

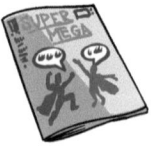

strip

漫畫

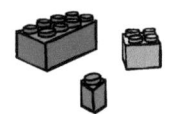

lego kockice
樂高積木

kockice za slaganje
積木玩具

akcioni junak
公仔

kombinezon za bebe
嬰兒服

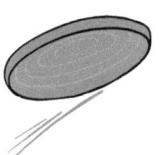

frizbi
飛盤

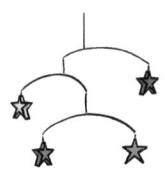

viseće igračke
床鈴玩具

društvene igre
棋盤遊戲

kocka
骰子

minijaturna željeznica
火車模型

duda
安撫奶嘴

tulum
派對

slikovnica
繪本

lopta
球

lutka
洋娃娃

igrati
玩

pješčanik

沙坑

ljuljačka

鞦韆

igračka

玩具

konzola za igre

電玩遊戲

tricikl

三輪車

plišani medo

泰迪熊

ormar

衣櫃

odjeća
衣服

kratke čarape

襪子

čarape

長襪

hulahopke

緊身褲

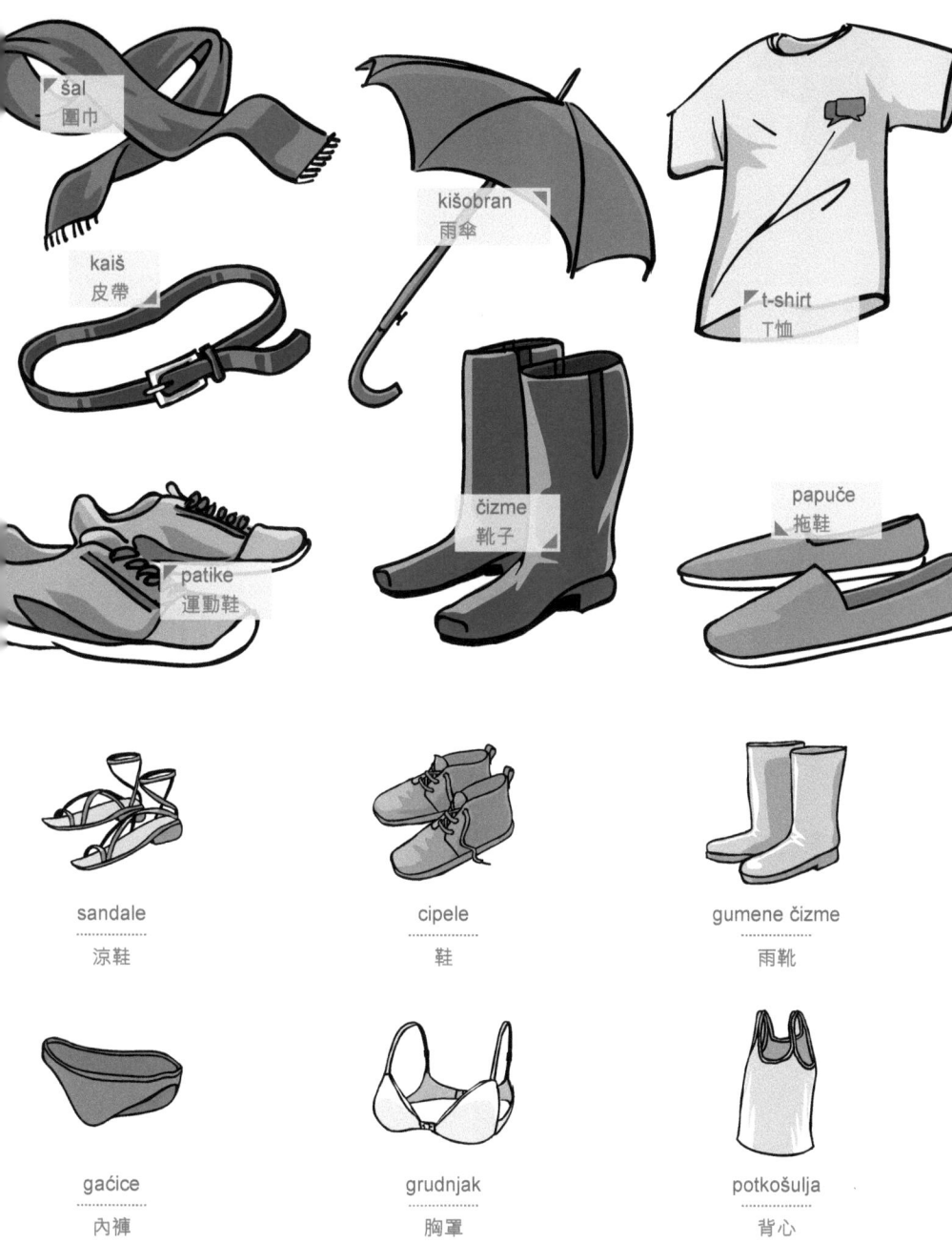

šal
圍巾

kišobran
雨傘

t-shirt
T恤

kaiš
皮帶

čizme
靴子

papuče
拖鞋

patike
運動鞋

sandale
涼鞋

cipele
鞋

gumene čizme
雨靴

gaćice
內褲

grudnjak
胸罩

potkošulja
背心

odjeća - 衣服   45

bodi

身體

hlače

褲子

džins

牛仔褲

haljina

短裙

bluza

女式襯衫

košulja

襯衫

džemper

套頭衫

pulover s kapuljačom

連帽上衣

blejzer

西裝夾克

jakna

夾克

kaput

外套

kabanica

雨衣

kostim

套裝

haljina

連衣裙

vjenčanica

婚紗

odijelo

西裝

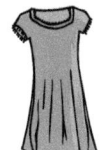

spavaćica

睡袍

pidžama

睡衣

sari

莎麗

rubac

頭巾

turban

包頭巾

burka

波卡

kaftan

卡夫坦

abaja

(阿拉伯式)長袍

kupaći kostim

泳衣

kupaće gaćice

男式泳褲

kratke hlače

短褲

odjeća za trening

運動服

pregača

圍裙

rukavice

手套

gumb

鈕扣

naočale

眼鏡

narukvica

手鏈

ogrlica

項鍊

prsten

戒指

naušnica

耳環

kapa

便帽

vješalica

衣架

šešir

帽子

kravata

領帶

patent zatvarač

拉鍊

kaciga

安全帽

naramenice

背帶

školska uniforma

校服

uniforma

制服

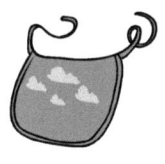

podbradak

圍兜

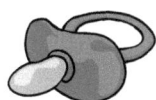

duda

安撫奶嘴

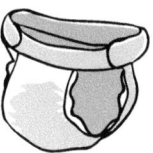

pelena

尿布

ured

辦公室

server
伺服器
ormar za spise
檔案櫃
papir
紙
pisač
印表機
monitor
螢幕
miš
滑鼠
pisaći stol
辦公桌
mapa
資料夾
tipkovnica
鍵盤
košara za papir
廢紙簍
računar
電腦
stolica
椅子

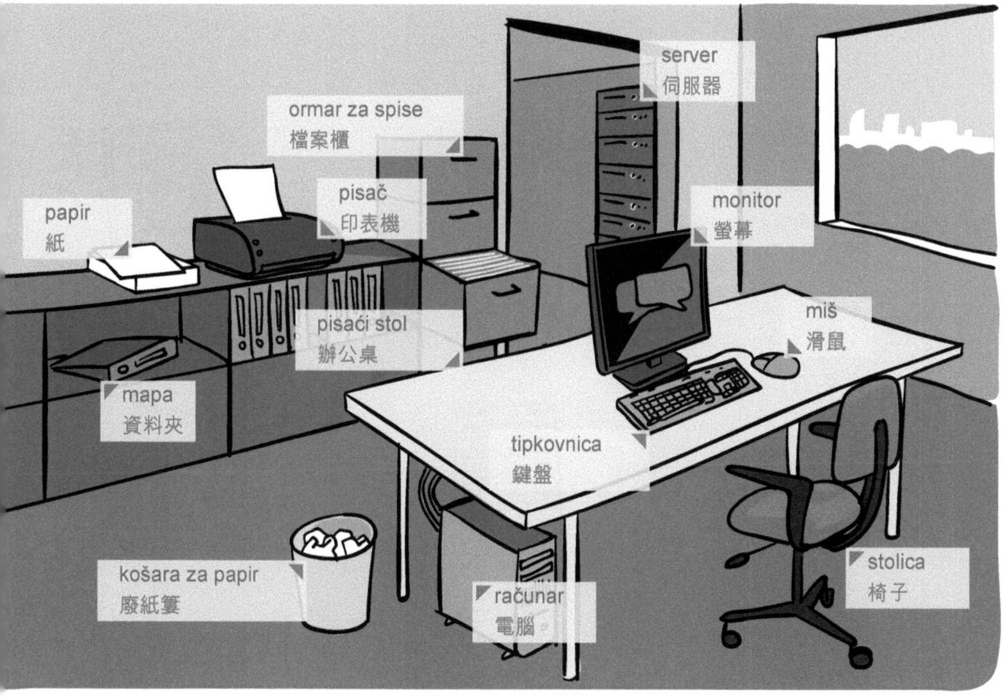

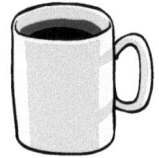

šalica za kavu

咖啡杯

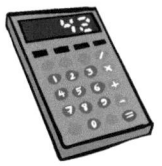

kalkulator

計算機

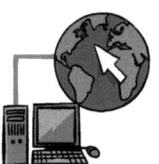

internet

網際網路

laptop

筆記型電腦

pismo

信件

poruka

簡訊

mobilni telefon

行動電話

mreža

網路

uređaj za kopiranje

影印機

softver

軟體

telefon

電話

utičnica

插座

faks

傳真機

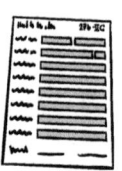

obrazac

表格

dokument

檔案

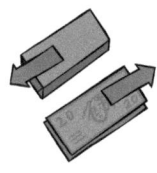

kupovati
買

platiti
付錢

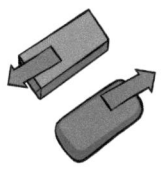

trgovati
交易

novac
現金

dolar
美元

euro
歐元

jen
日元

rubalj
盧布

švicarski franak
瑞士法郎

renmindbi yuan
人民幣

rupija
盧比

automat za novac
提款處

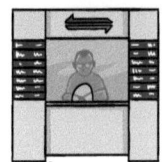

mjenjačnica

外幣兌換處

zlato

金

srebro

銀

nafta

石油

energija

能源

cijena

價格

ugovor

合約

porez

稅金

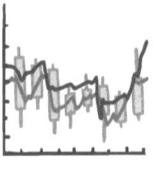

dionica

股票

raditi

工作

službenik

職員

poslodavac

老闆

tvornica

工廠

prodavaonica

商店

policajac
警官

vatrogasac
消防員

kuhar
廚師

liječnik
醫師

pilot
飛行員

vrtlar

園丁

stolar

木匠

krojačica

裁縫

sudija

法官

kemičar

化學家

glumac

演員

vozač autobusa

公車司機

vozač taksija

計程車司機

ribar

漁夫

čistačica

清洗女工

krovopokrivač

屋頂工

konobar

服務生

lovac

獵人

slikar

畫家

pekar

麵包師

električar

電工

građevinski radnik

建築工人

inženjer

工程師

mesar

屠夫

limar

水管工

poštar

郵差

vojnik

士兵

arhitekta

建築師

blagajnik

收銀員

cvjećar

花農

frizer

理髮師

kondukter

售票員

mehaničar

機械技師

kapetan

船長

zubar

牙醫

znanstvenik

科學家

rabi

拉比

imam

伊瑪目

monah

和尚

svećenik

牧師

alati
工具

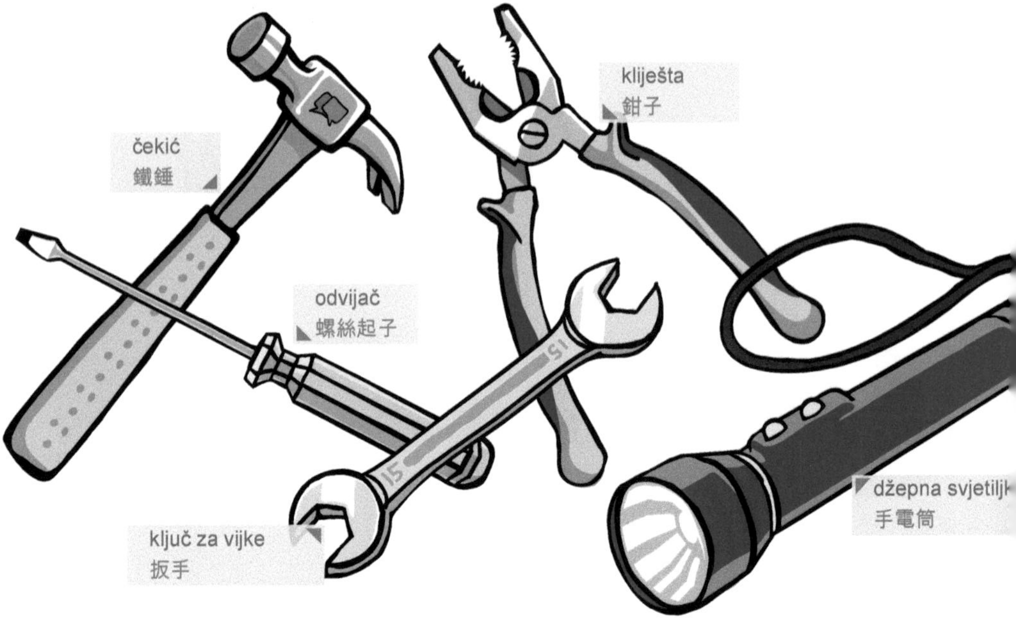

čekić
鐵錘
kliješta
鉗子
odvijač
螺絲起子
ključ za vijke
扳手
džepna svjetilj
手電筒

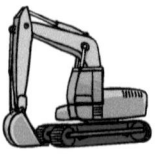

rovokopač

挖掘機

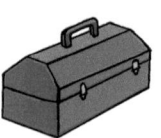

kutija za alat

工具箱

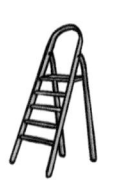

ljestve

梯子

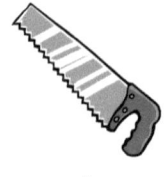

pila

鋸子

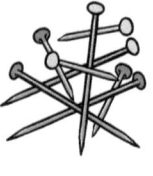

ekser

釘子

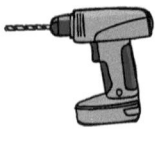

bušilica

鑽機

popraviti

修

lopata

鏟子

Sranje!

糟糕！

lopatica

畚箕

lonac za boju

油漆桶

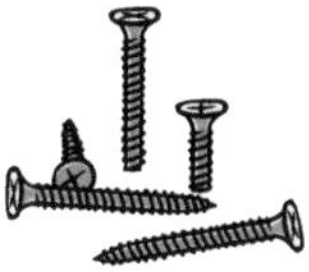

vijci

螺絲

glazbeni instrument

樂器

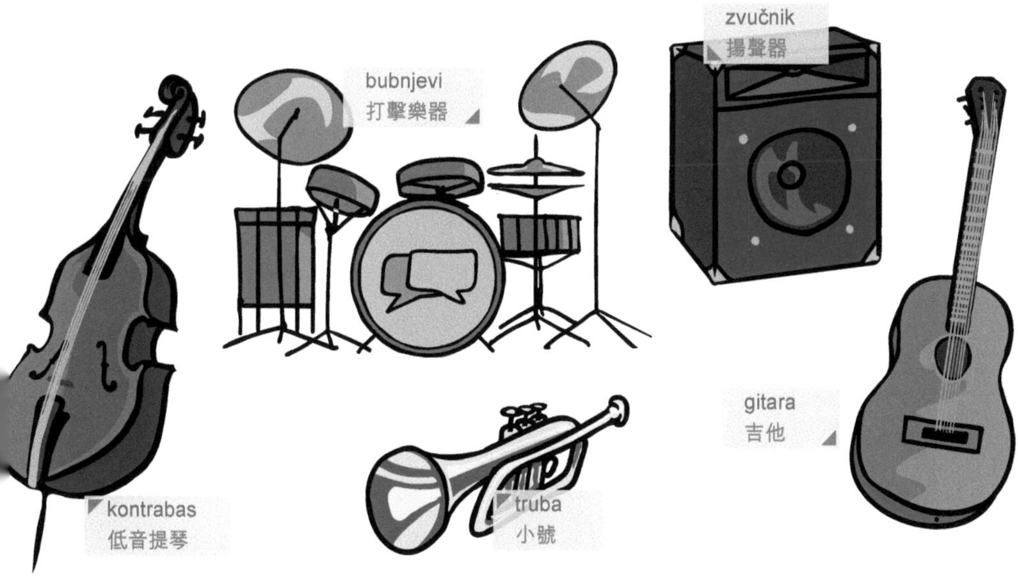

zvučnik
揚聲器

bubnjevi
打擊樂器

gitara
吉他

kontrabas
低音提琴

truba
小號

klavir

鋼琴

violina

小提琴

bas

貝斯

timpani

定音鼓

udaraljke za bubnjeve

鼓

keyboard

電子琴

saksofon

薩克斯風

flauta

長笛

mikrofon

麥克風

zoološki vrt
動物園

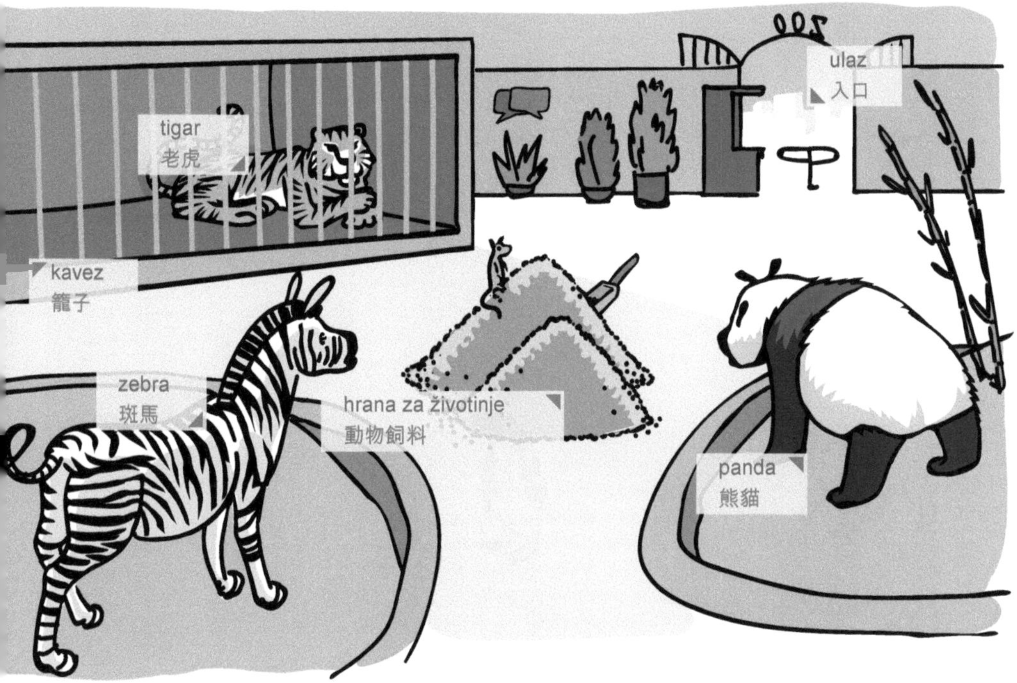
ulaz
入口
tigar
老虎
kavez
籠子
zebra
斑馬
hrana za životinje
動物飼料
panda
熊貓

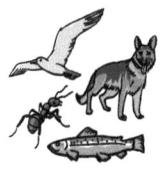

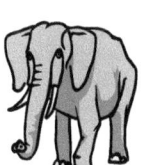

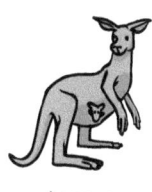

životinje

動物

slon

大象

kengur

袋鼠

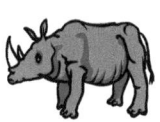

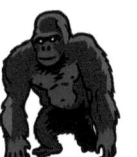

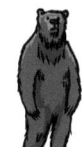

nosorog

犀牛

gorila

大猩猩

medvjed

熊

kamila

駱駝

noj

鴕鳥

lav

獅子

majmun

猴子

flamingo

紅鶴

papagaj

鸚鵡

polarni medvjed

北極熊

pingvin

企鵝

ajkula

鯊魚

paun

孔雀

zmija

蛇

krokodil

鱷魚

čuvar u zoološkom vrtu

動物園管理員

tuljan

海豹

jaguar

美洲豹

poni

矮種馬

leopard

豹

nilski konj

河馬

žirafa

長頸鹿

orao

老鷹

divlja svinja

野豬

riba

魚

kornjača

龜

morž

海象

lisica

狐狸

gazela

羚羊

američki nogomet
橄欖球

biciklizam
騎腳踏車

tenis
網球

košarka
籃球

plivanje
游泳

boks
拳擊

hockey na ledu
冰球

nogomet
美式足球

badminton
羽毛球

atletika
田徑

rukomet
手球

skijanje
滑雪

polo
馬球

skočiti
跳

zagrliti
擁抱

smijati se
笑

ići
走路

pjevati
唱

sanjati
做夢

moliti se
祈禱

poljubiti
親吻

pisati	crtati	pokazati
書寫	畫	展示

gurati	dati	uzeti
推	給	拿

imati

有

činiti

做

biti

當

stojati

站

trčati

跑

povlačiti

拉

baciti

丟

padati

摔倒

ležati

躺

čekati

等待

nositi

攜帶

sjediti

坐

oblačiti

穿衣

spavati

睡覺

probuditi se

醒來

gledati

看

plakati

哭

milovati

擊

češljati

梳頭

govoriti

交談

razumjeti

明白

pitati

問

slušati

聽

piti

喝

jesti

吃

pospremiti

清理

voljeti

愛

kuhati

做飯

voziti

開車

letjeti

飛

ploviti

航行

računati

計算

čitati

讀

učiti

學習

raditi

工作

vjenčati se

結婚

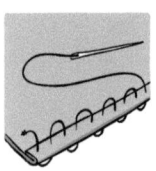

šiti

縫

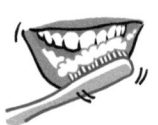

prati zube

刷牙

ubiti

殺

pušiti

抽菸

poslati

寄

obitelj
家

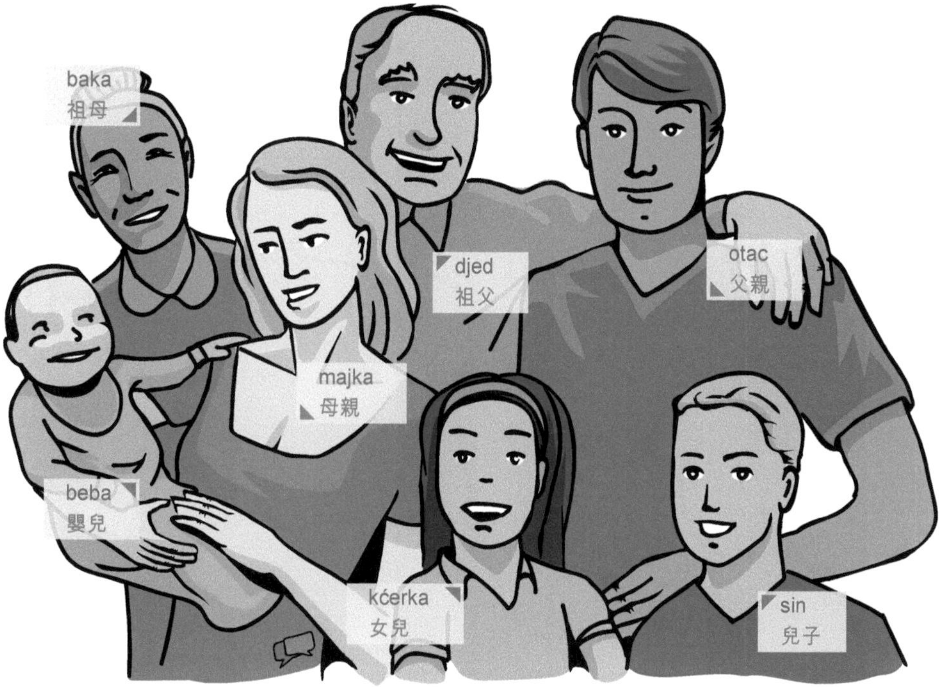

baka
祖母
djed
祖父
otac
父親
majka
母親
beba
嬰兒
kćerka
女兒
sin
兒子

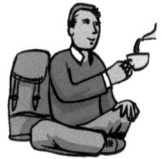

gost

客人

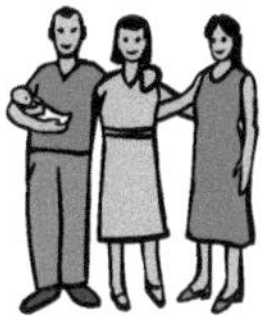

tetka

阿姨

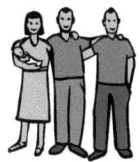

ujak, stric

叔叔

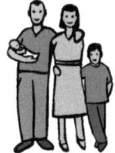

brat

兄弟

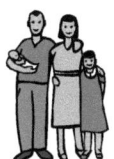

sestra

姐妹

tijelo

身體

čelo
前額
oko
眼睛
rame
肩膀
prst
手指
lice
臉
brada
下巴
ruka
手
noga
腿
grudi
乳房
ruka
手臂

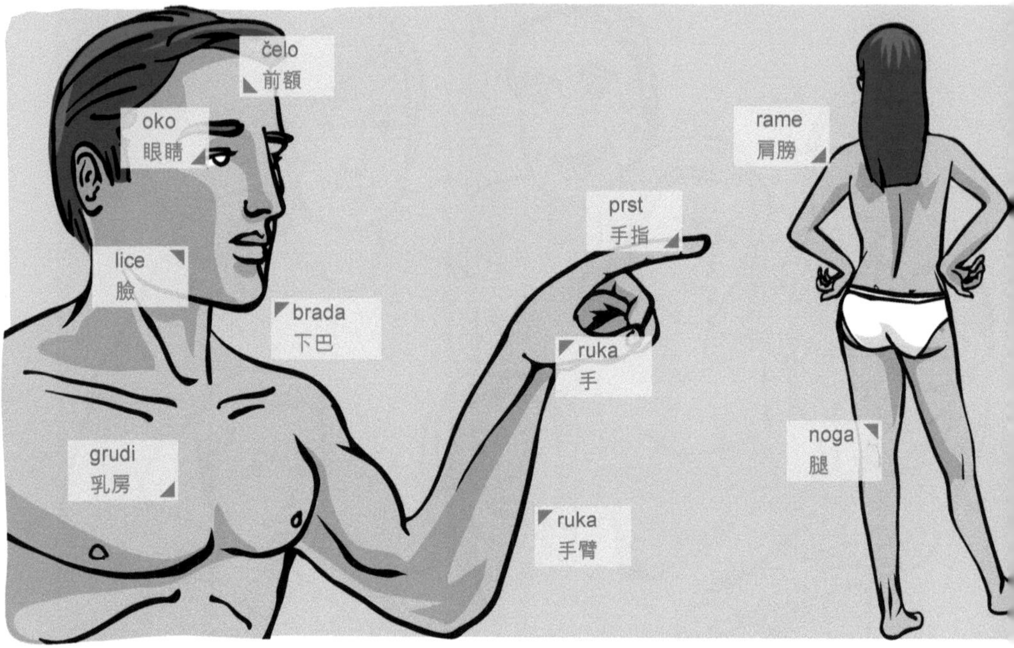

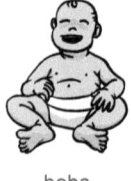

beba

嬰兒

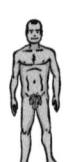

muškarac

男人

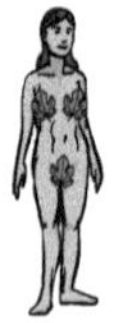

žena

女人

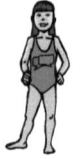

djevojčica

女孩

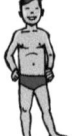

dječak

男孩

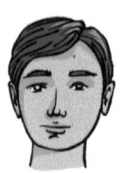

glava

頭

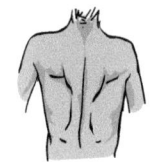

leđa

背部

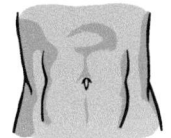

trbuh

肚子

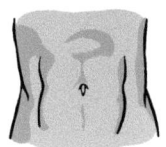

pupak

肚臍

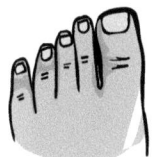

nožni prst

腳趾

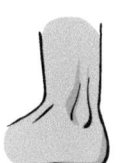

peta

腳後跟

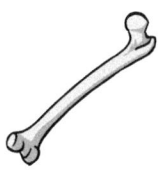

kost

骨頭

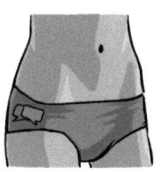

kuk

臀部

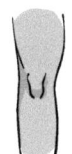

koljeno

膝蓋

lakat

手肘

nos

鼻子

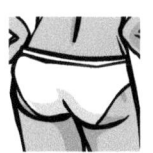

stražnjica

屁股

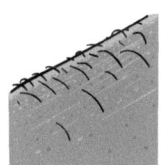

koža

皮膚

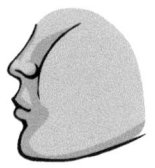

obraz

臉頰

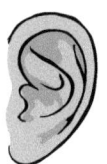

uho

耳朵

usna

嘴唇

usta

嘴

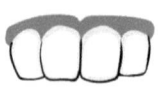

zub

牙齒

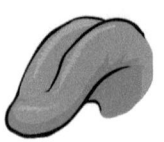

jezik

舌頭

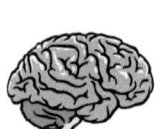

mozak

腦

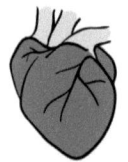

srce

心臟

mišić

肌肉

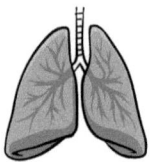

pluća

肺

jetra

肝臟

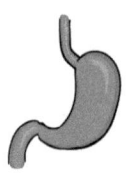

želudac

胃

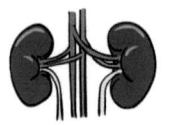

bubrezi

腎臟

snošaj

性交

kondom

保險套

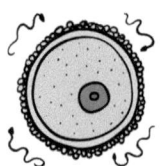

jajna stanica

卵子

sperma

精子

trudnoća

懷孕

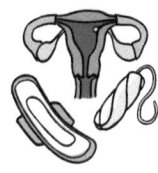

menstruacija

月事

vagina

陰道

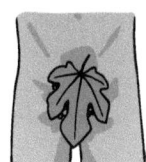

penis

陰莖

obrva

眉毛

kosa

頭髮

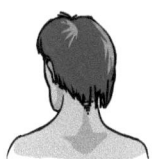

vrat

脖子

bolnica
醫院

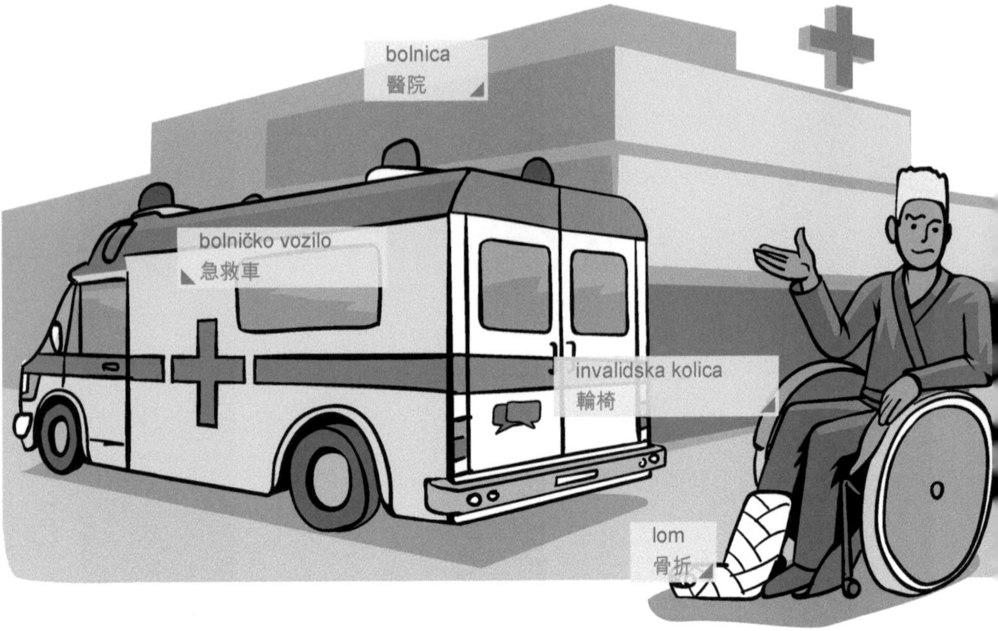

bolnica
醫院
bolničko vozilo
急救車
invalidska kolica
輪椅
lom
骨折

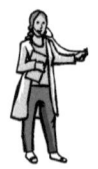

liječnik

醫師

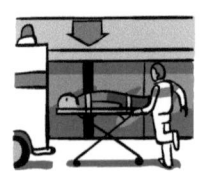

hitna medicinska služba

急診室

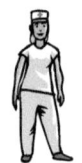

medicinska sestra

護理師

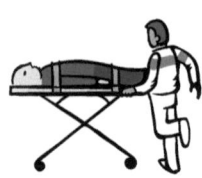

hitni slučaj

緊急情形

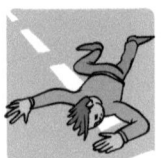

nesvijest

昏迷

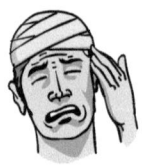

bol

痛

ozljeda

受傷

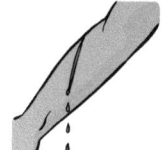

krvarenje

出血

srčani infarkt

心臟病發作

moždani udar

中風

alergija

過敏

kašalj

咳嗽

groznica

發燒

gripa

流感

proljev

腹瀉

glavobolja

頭痛

rak

癌症

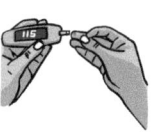

dijabetes

糖尿病

kirurg

外科醫師

skalpel

手術刀

operacija

手術

ct

電腦斷層掃描

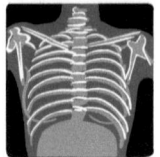

rentgen

X光

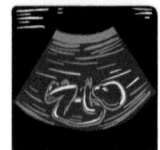

ultrazvuk

超音波

maska

口罩

bolest

疾病

čekaonica

候診室

štaka

拐杖

flaster

石膏

zavoj

繃帶

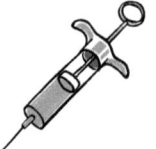

injekcija

注射

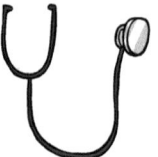

stetoskop

聽診器

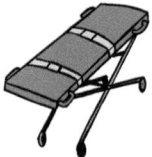

nosilo

擔架

termometar

體溫計

rođenje

出生

prekomjerna težina

超重

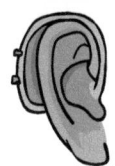

slušni aparat

助聽器

sredstvo za dezinfekciju

消毒液

infekcija

感染

virus

病毒

hiv / sida

愛滋病

medicina

藥物

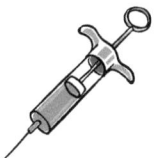

vakcinacija

接種疫苗

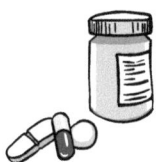

tablete

藥片

pilula

藥丸

poziv u pomoć

急救電話

uređaj za mjerenje tlaka

血壓計

bolesno / zdravo

生病/健康

pomoć!
救命！

alarm
警報

nasrtaj
突擊

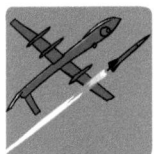

napad
攻擊

opasnost
危險

izlaz za nuždu
緊急出口

požar!
失火了！

vatrogasni aparat
滅火器

nezgoda
意外

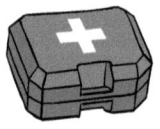

kofer prve pomoći
急救箱

sos
呼救訊號

policija
員警

Europa

歐洲

sjeverna amerika

北美洲

južna amerika

南美洲

Afrika

非洲

Azija

亞洲

Australija

澳洲

Atlantik

大西洋

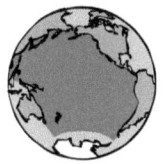

Pacifik

太平洋

ocean

印度洋

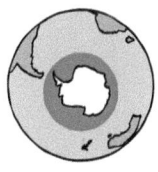

antarktički ocean

南冰洋

arktički ocean

北冰洋

sjeverni pol

北極

južni pol

南極

Antarktik

南極洲

zemlja

地球

zemlja

陸地

more

海

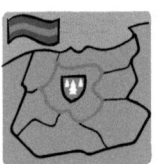

otok

島

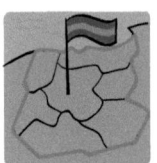

nacija

國家

država

州

brojčanik sata

錶盤

satna kazaljka

時針

minutna kazaljka

分針

sekundna kazaljka

秒針

Koliko je sati?

現在幾點？

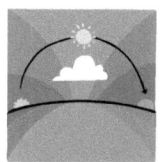

dan

天

vrijeme

時間

sada

現在

digitalni sat

電子錶

minuta

分

sat

時

ponedjeljak
週一

MO

srijeda
週三

W

petak
週五

FR

TU

utorak
週二

TH

subota
週六

SA

čevrtak
週四

nedjelja
週日

SO

jučer 昨天	danas 今天	sutra 明天
jutro 早晨	podne 中午	večer 晚上
radni dani 工作日	vikend 週末	

kiša
雨

duga
彩虹

snijeg
雪

vjetar
風

proljeće
春

jesen
秋

ljeto
夏

zima
冬

meteorološka prognoza
天氣預告

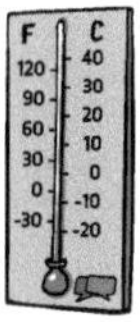

termometar
溫度計

sunčana svjetlost
陽光

oblak
雲

magla
霧

vlažnost zraka
潮濕

munja

閃電

grmljavina

打雷

oluja

風暴

tuča

冰雹

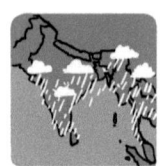

monsun

季風

poplava

洪水

led

冰

siječanj

一月

veljača

二月

ožujak

三月

travanj

四月

svibanj

五月

lipanj

六月

srpanj

七月

kolovoz

八月

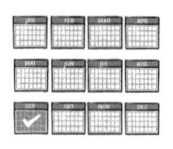

rujan

九月

listopad

十月

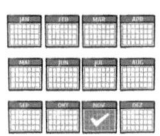

studeni

十一月

prosinac

十二月

oblici

形狀

krug

圓形

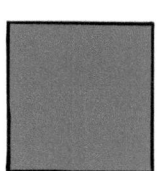

kvadrat

正方形

pravokutnik

長方形

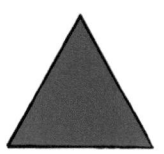

trokut

三角形

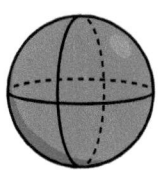

kugla

球體

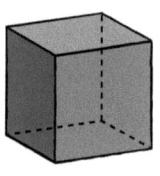

kocka

立方體

bijela

白

žuta

黄

narančasta

橙

ružičasta

粉

crvena

紅

ljubičasta

紫

plava

藍

zelena

綠

smeđa

棕

siva

灰

crna

黑

mnogo / malo

很多/少許

ljutito / mirno

生氣/平靜

lijepo / ružno

美/醜

početak / kraj

首/尾

veliko / maleno

大/小

svijetlo / tamno

明/暗

brat / sestra

兄弟/姐妹

čisto / prljavo

乾淨/骯髒

potpuno / nepotpuno

完整/缺失

dan / noć

白天/晚上

mrtvo / živo

死/生

široko / usko

寬/窄

jestivo / nejestivo

可食用/非食用

zlo / dobro

邪惡/善良

uzbuđeno / dosadno

興奮/無聊

debelo / mršavo

胖/瘦

na početku / na kraju

第一/最後

prijatelj / neprijatelj

朋友/敵人

puno / prazno

滿/空

tvrdo / mekano

硬/軟

teško / lagano

重/輕

glad / žeđ

餓/渴

bolesno / zdravo

生病/健康

ilegalno / legalno

非法/合法

pametno / glupo

聰明/愚笨

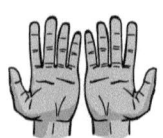

lijevo / desno

左/右

blizu / daleko

近/遠

novo / rabljeno

新/舊

ništa / nešto

沒有/有些

staro / mlado

老/幼

uključeno / isključeno

開/關

otvoreno / zatvoreno

打開/闔上

tiho / glasno

安靜/吵鬧

bogato / siromašno

富/窮

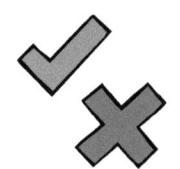

točno / pogrešno

對/錯

hrapavo / glatko

粗糙/光滑

tužno / sretno

傷心/高興

kratko / dugo

短/長

polako / brzo

慢/快

mokro / suho

濕/乾

toplo / hladno

溫暖/涼爽

rat / mir

戰爭/和平

suprotnosti - 反義詞

0

nula

零

1

jedan

一

2

dva

二

3

tri

三

4

četiri

四

5

pet

五

6

šest

六

7

sedam

七

8

osam

八

9

devet

九

10

deset

十

11

jedanaest

十一

12
dvanaest
十二

13
trinaest
十三

14
četrnaest
十四

15
petnaest
十五

16
šestnaest
十六

17
sedamnaest
十七

18
osamnaest
十八

19
devetnaest
十九

20
dvadeset
二十

100
stotinu
百

1.000
tisuću
千

1.000.000
milijun
百萬

jezici

語言

engleski
英語

američko engleski
美式英語

kinesko mandarinski
普通話

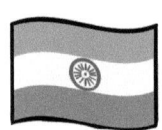

hindi
印地語

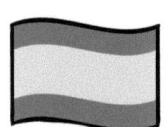

španjolski
西班牙語

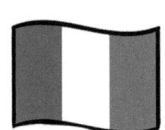

francuski
法語

arapski
阿拉伯語

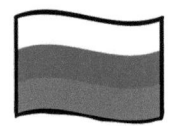

ruski
俄語

portugalski
葡萄牙語

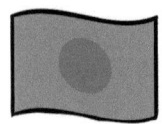

bengalski
孟加拉語

njemački
德語

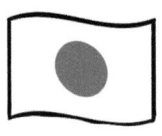

japanski
日語

ja

我

ti

你

on / ona / ono

他/她/它

mi

我們

vi

你們

oni

他們

tko?

誰？

što?

什麼？

kako?

如何？

gdje?

何處？

kada?

何時？

ime

名字

iza

後面

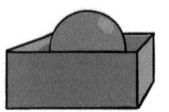

u

裡面

ispred

前面

preko

上方

na

上面

ispod

下麵

pored

旁邊

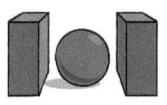

između

中間

mjesto

地點